13 Avril 1899.

VENTE

HOTEL DROUOT, SALLE N° 11

LE JEUDI 13 AVRIL 1899

A deux heures précises

BEAU MOBILIER

Styles XVIIᵉ et XVIIIᵉ Siècles

STATUE EN MARBRE PAR FALGUIÈRES

Anciennes Faïences, Porcelaines

BRONZES D'ART & D'AMEUBLEMENT

Meubles d'Art de Kriéger et de Sormani

RICHES MEUBLES DE SALONS EN TAPISSERIE

TAPISSERIES ANCIENNES & MODERNES

TAPIS DE SMYRNE, TENTURES

Mᶜ E THOUROUDE	**M. B. LASQUIN**
COMMISSAIRE-PRISEUR	EXPERT
32, Rue Le Peletier, 32	12, Rue Laffitte, 12

EXPOSITION PUBLIQUE

Le Mercredi 12 Avril 1899

A 2 HEURES

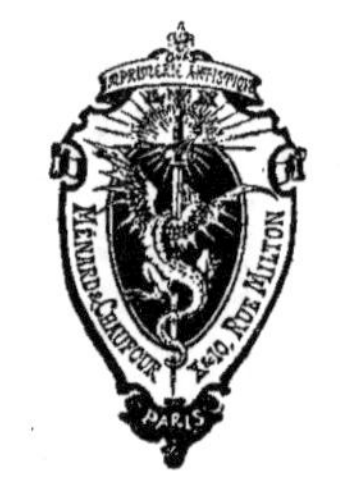

IMPRIMERIE ARTISTIQUE
MÉNARD & CHAUFOUR 1 & 10, RUE MILTON
PARIS

CONDITIONS DE LA VENTE

Elle sera faite au comptant.

Les acquéreurs paieront *cinq pour cent* en sus des enchères.

L'exposition mettant à même les acquéreurs de se rendre compte des objets mis en vente, il ne sera admis aucune réclamation une fois l'adjudication prononcée.

NOTA. — Les objets figurant sous les numéros 2, 4, 17, 18, 19, 20, 21, 24, 25, 26, 27, 29, 32, 33, 36, 37, 38, 39, 40, 42, 43, 44, 45, 46, 47, 48, 56, 57, 58, 59, 60, 65, 66, 67, 68, 80, 88 et 89, et marqués d'un astérisque, dépendent de la succession de Madame de L***.

Paris. — Imprimerie Ménard et Chaufour 8-10, rue Milton.

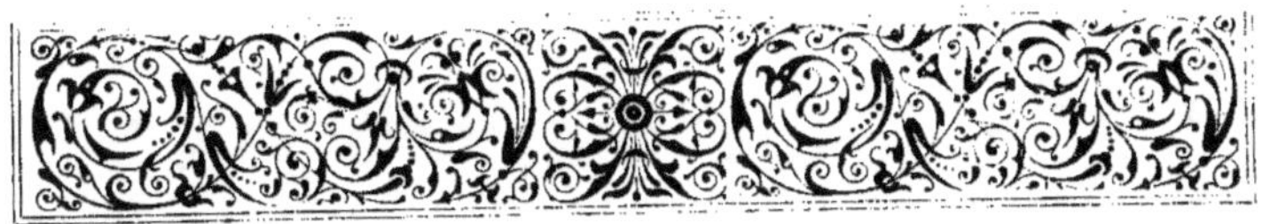

DÉSIGNATION

SCULPTURES

FALGUIÈRES

1 — Statue de diane.

> Marbre blanc. Haut. : 1m10.
>
> Piédestal en marbre de couleur orné de bronzes dorés avec partie tournante montée sur galets. Haut : 1m17.

2* — Deux chiens assis en serpentine.

3 — Deux colonnes supports en marbre vert à chapitaux en bronze. Style Louis XVI.

4* — Statuette de jeune fille lisant.

> Marbre blanc.

FAIENCES ANCIENNES, PORCELAINES

5 — COUPE en faïence de Gubbio à reflets métalliques, avec lettres gothiques au centre entourées de rayons et de flammes, de fleurs et de mascarons, en bleu, rouge et jaune.

6 — COUPE en faïence de Gubbio à reflets métalliques, au centre un aigle avec entourage de fruits et d'ornements.

Proviennent de la vente SPITZER.

7 — PLAT HISPANO-MAURESQUE à reflets métalliques du XVIe siècle.

8 — PLAT HISPANO-MAURESQUE à reflets métalliques du XVIe siècle.

9 — PLAT en faïence de BERNARD-PALISSY orné de six mascarons, encadrés par des draperies, avec rosace de feuillages au centre.

10 — PLAT DE BERNARD-PALISSY représentant la déesse des eaux tenant dans ses bras deux cornes d'abondance; autour sept petits mascarons décorés de plantes et d'ornements polychromes.

11 — PLAT en faïence de PULL, le fond ajouré à godrons, arabesques, figures draperies, fleurs et fruits.

12 — GRANDE SOUPIÈRE en ancienne faïence de Rouen, décor dit à la corne, en couleurs.

13 — DEUX LÉGUMIERS en ancienne faïence de Rouen, décor polychrome dit à la corne.

14 — BANNETTE en vieux Rouen, décor à la double corne. fleurs, insectes et oiseaux avec anses formées par des serpents.

15 — DEUX GRANDS PLATS RONDS en porcelaine du Japon à décor polychrome.

16 — TROIS PETITS PLATS en porcelaine du Japon à ornementation bleue, rouge et or.

17 *— DEUX CORNETS en ancienne faïence D'URBINO, montés en lampes en bronze.

18 *— UN VASE en porcelaine craquelée, couvercle à charnière.

19 *— UN VASE à piédouche en porcelaine de Sèvres rose.

20 *— DEUX TABOURETS en grès de Chine émaillé vert.

21 *— DEUX VASES à couvercles en porcelaine décorée genre Sèvres. fond turquoise à médaillons de figures et de fleurs, garnis de montures à piédouche, anses et gorges en bronze doré.

22 — BUSTE en biscuit : *Marie-Antoinette*.

BRONZES D'ART

23 — Suspension en cuivre ajouré et bronze d'art à patine brune, ornée de griffons, de chimères, de faunes, de faunesses, de tortues, de génies et sur une sphère étoilée d'une statuette de la nuit.

  Travail italien.

24 *— Deux grandes lanternes forme pagode en bronze du Japon, ornées de dragons.

25 *— Deux grands vases à large orifice et à deux anses spirales en bronze du Japon.

26 *— Grande jardinière oblongue en bronze du Japon, à deux anses, têtes de chimères.

27 *— Deux vasques en émail cloisonné de Chine à décor de fleurs.

28 — Deux plaques rectangulaires en émail cloisonné de Chine, décorées de vases, d'attributs et de fleurs sur fond turquoise.

29 *— Brule-parfum à couvercle en émail cloisonné du Japon.

30 — Deux canards en bronze du Japon formant brûle-parfums, socle en bois de fer.

31 — Lion en bronze patine verte.

  Signé : Barye.

BRONZES D'AMEUBLEMENT

32 *— GARNITURE DE CHEMINÉE en bronze doré et argenté, comprenant une pendule de milieu formée d'une sphère en bronze bleui, enguirlandée de fleurs et supportée par deux amours, et deux candélabres à huit lumières montés sur des vases d'après CLODION.

33 *— DEUX TRÈS GRANDS VASES en porcelaine de Canton, à décor de figures, surmontés de candélabres en bronze doré, socles en bois de fer.

34 — LUSTRE de style Louis XIV en cuivre, garni de cristaux, plaquettes, étoiles et pyramides.

35 — GARNITURE DE CHEMINÉE en bronze doré, de chez COLIN, composée d'une pendule et de deux candélabres de style Régence, à cariatides et motifs de feuillages.

36 *— DEUX CANDÉLABRES à quatre lumières, genre Louis XVI, en bronze doré, socles en marbre.

37 *— DEUX VASES CACHE-POTS montés sur trépieds en bronze doré.

38 *— GARNITURE DE CHEMINÉE composée d'une pendule dans un socle en onyx surmontée d'une figure d'*Hébé* en bronze doré et de deux candélabres à six lumières supportées par des femmes drapées.

39 *— PENDULE en marbre griotte surmontée d'une figure de conquérant en bronze doré en partie.

40 *— DEUX LAMPES montées sur vases cratères en bronze, socles en marbre.

41 — GRAND LUSTRE de style flamand à dix-huit lumières en cuivre ajouré.

42 *— DEUX CHENETS en bronze surmontés chacun d'une , figure d'esclave.

43-46 *— QUATRE GARNITURES DE FOYERS de différents styles en bronze.

47 *— COUPE EN ONYX supportée par trois enfants en bronze doré.

48 *— PORTE-CARTES en cuivre nickelé, trophée d'armes.

49 — LUSTRE de style Louis XVI à quarante-huit lumières en bronze garni de cristaux.

5o — SUSPENSION de salle à manger avec lampe et seize bougies en bronze nickelé.

AMEUBLEMENTS

51 — Très riche ameublement de salon de style Louis XV en bois finement sculpté, laqué vert et doré, garni de tapisserie fine d'Aubusson à fleurs, feuillages et ornements rocailles.

Il est composé :

D'un grand canapé, deux coins de feu, quatre fauteuils, quatre chaises, une table de milieu et une glace avec encadrement de même style.

52 — Meuble d'entre-deux, de style Louis XVI, en acajou, richement orné de bronzes dorés, motifs de carquois sur la ceinture, guirlandes de fleurs et encadrements sur les portes, avec colonnettes balustres aux angles. Dessus de marbre portor.

Ce meuble a été exécuté par la maison Sormani.

53 — Beau bureau plat de style Louis XV en bois satiné, garni de bronzes, chûtes rocailles. poignées et encadrements. La ceinture décorée en camaïeu bleu de figures d'amours.

54 — Table bureau de style Louis XV en bois satiné, la ceinture décorée de panneaux en vernis Martin et d'encadrements en bronze doré.

De la maison Krieger.

55 — Meuble d'entre-deux de forme contournée, style Louis XV, en bois de violette avec panneaux en vernis Martin, scènes pastorales, enrichi de cariatides et d'ornements en bronze doré. Dessus de marbre.

De la maison Krieger.

56 *— QUATRE COLONNES TORSES en bois doré, garnies de pampres et formant supports.

57 *— CINQ GLACES à encadrements, rocaille en bois doré.

58 *— DEUX SUPPORTS-APPLIQUES en bois sculpté. Style Louis XV.

59 *— AMEUBLEMENT DE SALON de style Louis XIV en bois doré garni de tapisserie moderne d'Aubusson, à bouquets de fleurs, cartouches et entrelacs sur fond rouge, composé de deux canapés, deux grands fauteuils, quatre autres fauteuils et quatre chaises.

60 *— TROIS CANTONNIÈRES en tapisserie, pareilles au meuble qui précède.

61 — GLACE PSYCHÉ en bois sculpté et doré de style Louis XVI, de forme ovale, ornée dans le haut d'un groupe d'oiseaux, de draperies et de feuillages.

62 — VITRINE DE SALON de style Louis XV en noyer sculpté, l'intérieur garni de peluche rouge.

63 — BEAU BUREAU MINISTRE à deux faces, de style Louis XVI en acajou, à montants cannelés, orné de moulures de bronze doré.

64 — FAUTEUIL TOURNANT de style Louis XVI en bois sculpté et doré, garni de canne dorée.

65 *— TABLE de style Régence en bois doré, pieds à croisillon et dessus en onyx.

66 *— Petit pouf en bois doré recouvert en tapisserie savonnerie.

67 *— Chaise chauffeuse en satin rouge brodé de Chine.

68 *— Grande glace à bordure en bois sculpté à ramages rehaussés de dorure.

69 — Meuble étagère de style chinois avec panneaux incrustés de burgau.

70 — Banquette en bois noir sculpté, garni de velours frappé bleu clair.

71 — Table genre Louis XIII en bois noir à pieds tournés et ceinture à godrons.

72 — Jardinière de même style.

73 — Console, style empire en acajou et bronze, à dessus de marbre.

74 — Petit guéridon en marqueterie et bois de rose.

75 — Deux chaises légères en bois doré.

76 — Ameublement de chambre a coucher, style Louis XV, en noyer sculpté et galbé comprenant : un lit de milieu avec son sommier élastique, une armoire à glace à deux portes et une table de nuit.

77 — **Tenture de lit**, deux garnitures de fenêtres, deux doubles portières et décoration de glace en étoffe moirée à rayures roses.

78 — **Chaise longue et un fauteil**, style Louis XVI, en bois laqué blanc rehaussé de dorure, garni de lampas bleu clair.

79 — **Deux stores** garnis de guipure.

80 *— **Ameublement de salle a manger** en noyer sculpté à montants cariatides, groupes de fruits à mascarons comprenant : un grand buffet à coins arrondis, deux dressoirs à tablettes en mosaïque, une table à rallonges, quatre fauteuils et douze chaises garnies de velours, deux bahuts d'entre-deux à cariatides et à une porte vitrée, un cartel en bois sculpté à figures et fleurs.

    Ce numéro pourra être divisé.

81 — **Pendule Louis XIV** en marqueterie de cuivre et d'écaille, ornée de bronzes dorés, pieds à griffes de lion.

82 — **Horloge** à gaine en chêne sculpté à pendentifs et figures d'amours.

83 — **Toilette-avabo** en pitchpin à dessus de marbre, deux cuvettes à effet d'eau.

84 — **Grande armoire** de lingerie en pitchpin.

85 — **Une petite table** pitchpin.

86 — **Deux chaises** pitchpin paillées en couleurs.

TAPISSERIES

87 — Tapisserie de Bruxelles du xviiie siècle représentant un rendez-vous de chasse dans un paysage boisé avec fontaine à gauche et cours d'eau à droite. Au centre une dame à cheval tient un faucon, près d'elle un cavalier et trois personnages, l'un assis près de la fontaine, le deuxième accroupi tient deux chiens en laisse, le troisième est debout. Bordure à cadre de feuillages ornée de trophées.

88 — Six panneaux en tapisserie moderne d'Aubusson, représentant des trophées de chasse et des groupes de fruits et de fleurs sur fond blanc, dans des encadrements ornés de pampres sur bordures fond grenat.

89 — Six panneaux en tapisserie de Neuilly, paysages de différentes contrées animés de figures et d'oiseaux.

ÉTOFFES, GUIPURES

90 — COUVRE-LIT en ancienne broderie portugaise à fleurs et oiseaux.

91 — COUVRE-LIT en filet ancien.

92 — CINQ MÈTRES de guipure de Venise, point à la rose.

TAPIS

93 — UN GRAND TAPIS de Smyrne à dessin polychrome.

94 — TAPIS D'ORIENT.

95 — TENTURES ET TAPIS divers.

96 — OBJETS OMIS au catalogue.